LES HEURES

FERNAND OUELLETTE

LES HEURES

POÈMES

l'HEXAGONE

Éditions de l'HEXAGONE
900, rue Ontario est
Montréal, Québec H2L 1P4
Téléphone: (514) 525-2811

Maquette de couverture: Jean Villemaire
Illustration de couverture: Paul-Émile Borduas, *l'Étoile noire*, 1957
©Musée des beaux-arts de Montréal

Photocomposition: Atelier LHR

Distribution: Québec Livres
4435, boulevard des Grandes-Prairies
Saint-Léonard, Québec H1R 3N4
Téléphone: (514) 327-6900, Zénith 1-800-361-3946

Réplique Diffusion
66, rue René-Boulanger, 75010 Paris, France
Téléphone: 42.06.71.35

Édition originale
Fernand Ouellette, *les Heures*
Éditions de l'Hexagone et Éditions du Champ Vallon
Montréal/Seyssel, ©1987

Dépôt légal: deuxième trimestre 1988
Bibliothèque nationale du Québec
Bibliothèque nationale du Canada

TYPO
Édition revue et corrigée
©1988 Éditions de l'Hexagone et Fernand Ouellette
Tous droits réservés pour tous pays
ISBN 2-89295-019-8

À mon père

I

Il était pour nous
comme une demeure
sans limites,
bruissante de rumeurs
rassurantes.
Au moindre vent,
nous nous glissions
sous ses pensées.
Il savait raviver
la rose même
sur les ronces.
Maintenant
que nous avions repéré
ses larmes,
son halètement
aigu
comme un cri,
nous nous sentions
à jamais
délogés
de la montagne.

La condamnation
lui a déchiré
le cerveau.
Quelles paroles
en lui terrifiantes!
Combien de mois?
Combien de jours?
Immédiatement,
sans répit,
être jeté en exil
hors de sa vie.
Palper la panique
dévastatrice
dans sa mémoire.
Ne plus devenir.
Ne plus pouvoir
se replier dans l'amnésie.
Sa douleur
éclatait
sous nos yeux.
Des larmes
brûlaient ses armures,
et les replis protégés
de ses ombres.
Les signes annonciateurs
avaient été refoulés.
Une chaleur glaciale
le recouvrait.
Tout commençait
à l'ensabler.

Ses larmes,
lors du foudroiement,
avaient des résonances
jusque dans l'âme
des anges.
Il demeurait
devant nous
frappé de plein fouet
par sa lucidité
dévoilante.
Les jours de mai
seraient incandescents.
Tout allait l'entraîner
dans sa tendance
à l'arrachement.
C'était en lui
la mise à nu
de l'errance.
Il devait
tout désancrer,
soulever le terreau
des images
les plus subtiles
ou les plus infamantes.
L'espérance ne pourrait
éclore
qu'après l'ouverture
promise.

Il n'était pas
sans appui.
Les pensées vers lui
penchées
donnaient des flambées
à son esprit.
Et surtout,
la réalité radieuse
de l'horizon
qui s'avançait.
C'était moins
une dérive
qu'une réponse
à l'appel,
plus puissante, d'ailleurs,
que sa nature rocheuse
ne l'eût laissé croire.
Et pourtant
quel gémir
dans notre enfoncement!
On tirait
nos racines.
Au corps fermé,
qui aurait pu substituer
son propre corps?
Sa solitude imperturbable
avait atteint
une telle concentration
qu'elle éclairait
ses lisières.
De plus en plus vulnérable,
notre présence
s'évanouissait
contre lui.

Son bonheur de jadis
semblait livré
à ses propres corbeaux.
Aucune hirondelle
ne frôlait ses parages.
La nuit, déjà,
avait érigé
une digue inhumaine.
Il était vain
de passer outre.
L'extérieur brutal
aurait déclenché
le déversement du vide.
Plus rien n'était préservé.
Quelques fragments
de son secret
nous étaient parvenus
par intermittence.
Mais il n'y avait plus
d'évasion perceptible,
depuis que son corps
avait consenti
à s'étendre.
L'étoilement,
alentour,
avait cessé.

Aurait-il pu pactiser
avec la furie
du rebelle?
On l'avait pourtant
proscrit.
Il a dû se sentir
précipité
dans un gouffre.
Il n'a pas eu le temps
de se défier
du langage.
Des mots implacables
l'ont muré.
Par instants
de sourire,
il tentait de se dissimuler
derrière une pensée évanescente.
Il n'osait pas encore
se risquer dans l'étendue
sèche et sans présences.
Il pouvait toujours
se réfugier auprès des fleurs,
ou s'accrocher
aux yeux en larmes
qui veillaient sur lui
comme des lampes.
Mais le joug terrible
était déjà posé
sur son esprit.
À chaque désir
absurde,
il se retirait un peu plus
dans le silence.

Il s'épuisait
à capter le ciel.
Comment ne pas rêver
à la lente dérive
de l'oiseau?
Mais que la chair
était lourde et sans lueurs!
Même en se liant aux arbres,
aux images anciennes
encore éclairantes...
De longs moments,
c'était la stagnation,
le marais où les mots
en vain se remuaient.
D'autres paysages se formaient
qui le rendaient
de plus en plus étranger
à ses désirs...
Ses pauvres efforts
qui n'auraient pu réussir
à le tenir hors de l'épaisseur.
Il s'égarait dans l'osseux
et la nuit.
Était-il encore un homme,
lui que son corps expulsait?

Dans nos bras,
noué et craintif,
il se laissait prendre.
Mais les peurs mâchées,
de pensée en souvenir,
savaient le dissoudre.
La souffrance empêchait
le moindre parcours.
La fenêtre, même fermée,
laissait passer des images
agressives,
des mouvements bruyants.
Tout le rongeait.
Il s'appesantissait à la limite
extrême de son immobilité,
contre le temps,
comme pour mieux se rassurer.
Il payait sa paix durement
pour qu'une seule vague de mer
enfin le noie ou l'aveugle.
Hormis l'immensité,
tout devait être refusé.
L'âme en tourment
ne pouvait supporter
rien d'autre.

Il arrivait
un moment
où l'esprit suffoquait
sous l'opulence
des ténèbres.
Il paniquait
tragiquement,
comme s'il se voyait trahi
par la compassion vive.
L'agissement du fracas,
les terreurs de l'absence
protégeaient surtout
le secret de l'agonie.
L'âme se sentait
sèche, réduite,
telle une mèche éteinte.
En exode, à l'infini
de sa félicité.
Nous-mêmes
ne parvenions plus
à la protéger du froid.
L'animal en nous
était sans défense,
comme rejeté
par la vie et par la mort,
soumis au même
mutisme du sacré.
Il y avait près de nous,
en lui,
l'extase d'une imagination
horrifiante,
l'intimité d'un silence
bientôt infranchissable.

Happé
par l'entre-monde...
Malgré tout des lueurs
n'accompagnaient-elles pas
les heures de la mémoire?
Il lui avait fallu une assurance
profonde à peine ombrée
pour sembler paisible devant nous.
À certain moment,
tout s'était
effondré.
Rien n'était plus stupéfiant
pour celui qui ne regardait,
depuis longtemps,
que sa souveraineté distante.
Les larmes,
terribles déflagrations,
traçaient en lui
leurs allées sombres,
leurs rangées de cyprès.
Cela le surprenait
à l'orée de sa cime,
très près de l'envol.

Il renvoyait
des sourires inexplicables,
comme s'il s'était réjoui
de ses élans
vers l'absence.
Ses paroles s'enlisaient
entre deux somnolences.
Le temps, le temps,
dans les éclaircies de conscience,
avait des pas de plomb.
Comment échapper,
semblait-il vouloir dire,
aux lenteurs
des nuits dolentes,
à l'encombrement
des voix
dans la chambre?
Jamais il ne serait
plus solitaire.
Même si les distances
se décuplaient
entre lui et les siens.
Quelle agitation insouciante
alentour!
Quand pourrait-il s'arracher
à ces veilles interminables?
Aux griffes gênantes
et généreuses
de ceux qui voulaient ralentir
son inclination à l'essor?

Les instants
qui l'atteignaient
n'étaient plus
que de faux prétendants.
Aucun repos
ne s'illuminerait
pour une fête possible.
Tout avait
naturellement
la consistance
des fantômes.
Et surtout, suraigus,
les souvenirs
des temps de bonheur.
Il obéissait à tout,
même au corps
qui dilapidait
son unité.
Il ne pouvait
que consentir
à l'opprobre,
à la violence de la vie
qui rompait son pacte.
Mais alors
pourquoi, sous son regard,
la grande forme de l'arbre
du côté des vivants?

Quelquefois
la peine retombait
comme une ondée.
Certains jours
étaient frappés
de paix pesante.
Les intempéries rôdaient
comme des augures.
Tout paraissait fuir
dans une aire pénombreuse.
L'infortune même s'affichait
moins vorace.
On aurait cru le partant
au repos
dans sa barque glissante.
Le moment de la véritable
exécution
n'était pas venu.
Le mal semblait pris
de lassitude.
Mais tant d'amas
peu à peu
se consolidaient,
se préparaient
à fermer le corps.
Le temps vrai
était échu.

On pouvait
le contourner
comme sa propre épave
prochaine.
Ou mieux,
nous assigner
les consolations.
Mais qui savait
le code
de la débâcle?
Lui-même
ne se pliait-il pas
à ficeler les faux
espoirs
des yeux,
des voix,
qui le creusaient davantage?
Presque dédoublé,
ne s'abandonnait-il
aux brèches
du corps
qui s'était cru
immortel?
Tout était chagrin
en désordre,
et panique.
Tout était mensonge.
On jouait à ne rien savoir.
Comme si ses jours
n'étaient pas
noircis d'absences.
On dissimulait les signes,
soupesait son temps.
En somme,
chacun de nous,

avec son être disjoint,
et mal initié à l'obscur,
au dédale,
se préparait
à lui voler
sa mort.

Il trébuchait
dans sa propre immensité.
Passaient des chimères…
Insaisissables
étaient les roses.
Des oiseaux noirs
chutaient au sein
de ses pensées.
Il lui fallait bannir
le monde même
pour se rassembler quelque peu.
C'était l'expansion
déréglée, brutale
de tout ce qui l'avait
d'abord formé.
La fragmentation des miroirs
et l'extinction
des lointains les plus solaires.
Par instants il s'absentait
si loin,
que nous perdions
nos souvenirs les plus vifs.

Voici
que l'égarement
en son nœud très dense
brouillait sans répit
les données des sens.
L'inexplicable
progressait comme un programme
et le rejetait au profond
de la somnolence.
Le souffle ardu
mangeait le corps.
Amaigri, discret,
comme un mot inutile.
Les ombres se tassaient
dans les moindres replis.
Il tenait parfois
le regard assez haut
pour rêver de géraniums.
Puis tout s'embarrassait,
comme une harde
de désirs
se prend dans ses liens.
Il n'espérait plus
qu'un sommeil lentement
clair et interminable.

II

Il y avait bien
un centre en lui,
mais au-dessus du visage,
comme en suspens,
à peine une flamme.
La pensée du silence
éloignait le bruit.
L'agonie semblait longue
pour un corps
si totalement abandonné.
Rien n'était encore
tout à fait aboli.
Sans doute formait-il
en lui-même des figures?
Ou même essayait-il
une autre verticalité?
Ce n'était pas à nous
à le traquer
dans ses secrets,
à rivaliser
avec l'éternité.
L'invisible était
fortement agité.
En travail tenace.
Tout était commencé.
Devant nos yeux
les mondes se le disputaient.

Son corps
ne s'ouvrait plus.
Qu'importaient ses ombres!
Il s'était tourné
vers l'intérieur...
Pour le vrai départ.
Le dedans inviolable
était le seul espace
du passage,
ou l'infini
de la dérive.
Là se concentraient
les oiseaux de l'âme.
Aucune métaphore
n'aurait su
les piéger.
Les esprits seuls
pouvaient ouvrir
la volière.
Mais lui,
il ressemblait peut-être,
loin de nos regards,
au grand arbre
qui se balance sur la colline.
Ses désirs
avaient bien étalé
leur éventail.
Pour le moment
il paraissait monologuer
avec sa frayeur.
À vrai dire il s'était engagé
dans le seul courant
ascendant du dialogue.
Il n'avait cure
des paroles.

Il n'avait qu'à s'imaginer
ainsi qu'un cheval de neige
qui franchit l'autre versant.

Il était consumé
par les feux de l'opprobre.
Et bien qu'à l'affût,
nous ne savions saisir
l'orient caché de l'éveil.
Sa grande mutité,
comme une roche parlante,
aurait dû nous éblouir.
Il aimantait en secret
les ricochets de la lumière.
Mais nous étions
des enfants,
effrayés par l'immobile,
écorchés par l'absence
première.

Depuis peu,
il se taisait,
comme un être
de connivence avec les âmes.
Derrière son apparence,
il y avait des largesses
de patience,
et la tension
du consentement.
Pourquoi,
malgré son souffle obscur,
n'aurait-il déployé
les puissances de l'esprit
qui a brûlé ses ombres.
L'amplitude de l'alliance
devait finir par transmuer
le corps même.
Il semblait parfois
suspendu auprès de nous,
déjà initié
à l'élévation.

Il s'agrippait
à l'esprit
quand le corps
commençait de se noyer
en lui-même,
de descendre vers le fond
des eaux noires.
L'accord ancien
avec le solaire
était bien rompu.
Il lui restait à peine
de faibles éclats
sous les yeux mi-clos.
La terre, la terre,
puissamment le tirait.
D'abord aveugle, étrangère,
l'âme s'avançait
avec angoisse
vers l'espace détoilé,
vers la sphère des êtres
possibles.
La lumière attendue
ne viendrait qu'avec la rupture
du cordon invisible.

D'instant en instant
il pensait,
pesait ses ombres.
Jusqu'à la nausée.
Il était trop rempli
de ses désolations,
de ses regrets.
Bientôt, peut-être,
pourrait-il se lever
méconnaissable
mais innocent.
Le peu de temps,
en lui,
travaillait l'éclairement
de son mystère.
Tout cesserait de gronder
pour atteindre la nudité
de l'acte,
la liesse de la conscience.
Totalement ouverte.
Le labyrinthe actuel
n'avait d'autre logique.
La folie apparente
avait tout ce sens.
L'âme était assez forte
pour maîtriser
l'illusion même de la mort.

Sa totalité
se laissait rudoyer
par l'informe.
On ne reconnaissait
pas souvent
sa voix ni son visage.
Immuable,
il enchaînait des paroles
qui, de vertige ou d'effroi,
défaillaient sur ses lèvres.
Mais la musique du regard
restait nette
et prégnante.
Elle adhérait au silence
comme on adhère à sa route,
sans torpeur, sans oubli.
Et alors on voyait
qu'il respirait déjà
l'ouverture entrevue.

Tant qu'il parlait,
même bas,
il restait lié
au silence qui pense.
Pour nous pouvaient s'éclairer,
peut-être,
les possibles de sa révélation.
N'avait-il toujours été,
face à nous,
l'abîme des énigmes?
Le va-et-vient des mots,
à vrai dire,
se faisait sur la corde raide.
Il avait durci sa méfiance
contre la parole insinueuse,
assaillante.
Et mis
sa clarté
dans ses actes,
dans son regard.
Les questions le pressaient
comme des voyances inclémentes.
Aussi préférait-il
se tenir droit,
dans le sens du jour.

Il arpentait sans cesse
ses nuits.
La vie lui semblait
si ténue
qu'il n'aurait su
la feuilleter.
Un climat s'installait,
où les raideurs
dominaient,
où les roses
ne sécrétaient plus
que de la suie.
Il était en marge,
sur sa couche,
solidement impassible,
tout entier
dans ses défigurations,
secoué nuit et jour
par des pulsations
insensées.
Qui n'eût senti
alors
que des orties
lui frottaient
la conscience?
Penser, maintenant,
était souffrir.
On traquait
son dernier talisman.
Les messages de l'ouvert
ne passaient plus
son corps.
Tout l'atteignait
par des images livides.
Tout retombait

en poussière.
Ces moments-là,
même sa peau
n'avait plus pitié
d'elle-même.
Une seule figure rôdait,
qui avait fauché
le monde
jusqu'à lui.

Nos yeux puisaient
en lui les rares vestiges
de la présence.
L'enfouissement du sang
se continuait
dans l'épaisseur lointaine,
à la fois opaque et diaphane.
Il avait l'endurance
de l'être qui habite
la gravité sans retour.
Comme s'il s'était enclos
dans le dénuement magnanime
de celui qui a reçu
l'éblouissement.
Le mouvement vers nous
était moins refoulé
qu'accompli
dans la poussée de l'âme.
Les battements du cœur mêmes
n'étaient qu'une offrande
avant le clair invisible.

Nous le voyions
couché dans l'abîme,
recroquevillé, modelé
par la stupeur.
Son esprit en perte de bleu
se figeait dans les entours
des lumières de violettes.
Et surtout oscillait
son souffle
entre le vide
et la mémoire.
Nos désirs l'environnaient
de tumultes,
ou s'avançaient comme une eau
au sein du désert.
Peu à peu s'écroulaient
les derniers remparts du corps.
La nuit était trop puissante
pour que tintent
des plaintes ou des alarmes.
Un mince filet d'air
nous liait à lui,
comme le suintement
d'un monument lumineux
depuis peu effondré.

Il a souri un peu
avant de tendre le bras
vers la jeune fille.
Des yeux d'émeraude
à l'horizon,
comme des signes de mer,
l'avaient aspiré.
La jeune fille, de plus,
avait le visage
d'un soleil mêlé de blé,
d'un être
à mort infuse.
C'était une faille
apparente
dans un cercle
d'où il ne pouvait s'enfuir.
Nous avions des mouvements
secrets comme des remous
de sable.
Main dans la main
nous nous taisions.
Rien ne permettait
de sonder le gouffre
entier sous nos pieds.
Lui-même, surtout,
n'était déjà plus
à l'abri du temps,
même du temps imaginaire.
Soudainement,
à notre insu,
il avait pris la posture
d'un fœtus
enroulé sur l'absence.

C'était la profusion
d'un silence sans mesure.
Une violence sous nos yeux
tantôt assourdie,
tantôt en floraison.
Ainsi la poitrine, tout près,
portait haut le souffle,
envoûtée par les pensives,
eût-on dit,
dernières dérives de la vie.
L'accalmie semblait féconde.
Éclosion, ascèse,
qu'il aurait jadis acceptée
en plein éveil.
La fusion s'imposait,
en lui l'unique,
du soleil et de la mer.

Nos regards ricochaient
maintenant
sur des paupières lisses
et closes.
Le silence esquivait tout.
Une à une les bornes
disparaissaient.
Selon un ordre
du sang venu.
La pesanteur extrême
atteignait la convenance
qui sied aux morts.
Nous ne parvenions plus
à longer ce mur
élevé soudain
entre sa nuit
et notre amour.
La mer, en lui,
temps immobile,
où baignait naguère
son âme,
où son nom
se nourrissait,
là-bas se déversait
pour bien l'accueillir...
Avant l'errance
et les bouillons de l'effroi.

Il était assailli
d'événements
qui se brisaient
en l'approchant.
Les larmes,
les orages,
se calmaient.
L'être se défendait
au-dessus de l'abîme.
Il n'aurait pu
éponger l'acide
qui s'acharnait
sur sa vie.
Tout paraissait enclos
dans l'inconscience,
bâche éphémère
tenue par le corps.
Nous n'avions plus accès
à l'âme.
Elle distillait en elle
le désir
d'avant le silence.

Par-delà le séisme
muet du corps oublieux
de lui-même
et des lumières,
l'intimité entre nous
se désagrégeait.
Notre volonté,
en transe,
n'aurait su le border.
S'affirmait peut-être,
invisible,
une embrasure étroite,
mais le seuil
en était interdit.
Nous étions pétrifiés
comme des arbres
sans feuilles,
sans sève
et sans oiseaux.
Le prodige d'une nouvelle
gravitation
s'accomplissait
comme s'il s'était changé
en corps céleste.
Le guidait gravement
la seule parole
inaudible.

Avec son attente
interminable
il se confondait.
Tout semblait baigner
dans le silence d'un temple
par lui seul entendu.
Que nous étions agités
en nous tournant
vers son visage!
Et trop encombrés
par des bruits d'angoisse
pour l'écouter avec une oreille
vive,
ou le voir
avec des yeux
d'orant.
Il y avait en nous
un épuisement des sens,
une quête vaine
vers le mystère
de celui qui partait.

Nous aurions perçu,
alors,
un champ sous l'abondance
de l'hiver.
Ses confins paraissaient
imperceptibles.
La blancheur subite
était déchirante.
Il était là si près,
et nous si loin,
pétrifiés
d'impuissance.
Rien ne ravissait
son extase naissante
et durement immobile.
Par-delà sa mutité,
tout échappait à l'esprit.
Il restait voilé, malgré tout,
par une lumière
qui avait la fragilité
montante d'une aube.

Il donnait
la patience
du nuage immobile,
la nuit
d'un aveugle
dont on n'entend plus la lyre.
Les refuges
les plus souterrains,
les nids les plus hauts
repoussaient une pensée
à vie de plus en plus lente.
Il avait la souffrance
de l'esprit noir
qui nulle part
ne peut se refléter.
Progressait
la calcination entière
de tout ce qui l'avait fait
mortel.
Seul, quelque part en lui,
s'intensifiait le bleu
pour la vraie mutation.
Avec la clarté
de ce qui demeure.

De son corps
à nos sens,
une intermittence sans fin.
Sans retour.
Il restait comme une pierre
polie par le silence.
La page était blanche
pour les signes à venir.
L'antérieur,
à chaque souffle un peu plus,
réduisait son histoire.
Nous étions fous d'espoirs
et d'abandon,
comme des enfants perdus
sur l'autre rive.
Tenus par notre propre espace
de vivants.
Désaccordés de rythmes
et de langue.
Nos mots n'auraient pu
s'introduire
dans cette parole nouvelle.
Il s'initiait
à la transparence.

Son souffle
le consumait,
tout en le maintenant
sur l'axe
de son propre départ.
Chaque pulsation,
si difficile,
l'acculait à l'ouvert.
N'importe
si la mémoire fuyait
par les moindres failles.
Il ne fallait pas brûler
trop brutalement
la qualité de sa substance.
Ni trop abuser
des ténèbres.
Plutôt insister
sur le clair-obscur.
Attendre qu'il puisse
toucher le monde
avec un esprit
profondément éveillé.

Plus il approchait
de son abîme,
mieux le corps
savait prendre
la pose du commencement.
Il avait enfin
trouvé sa place,
sa forme
pour mieux nous quitter.
Il gardait une posture
de vieillard
que l'on place parmi les arbres.
Qui reconnaîtrait
son ombre indolente?
Il allait un peu noirci,
contre nous,
au-devant de sa lumière.

Il n'avait
assez de présence
pour soutenir le bruit.
Il restait massif,
sous une tente impénétrable.
Suspendu aux mouvements
du souffle.
La lune
n'avait aucune puissance
sur son ouverture.
Le matin ne se réveillait plus,
comme endormi lui-même
auprès du corps.
Nous arpentions la chambre
pour surprendre l'échelle
qui monterait de sa bouche.
Et si on l'avait étendu
sur un miroir,
pour que les absents
enfin le reconnaissent
et le réclament?

Il dévalait
entre ses pensées,
entre ses terreurs.
C'était, semble-t-il,
au creux d'un tunnel infini.
Des bras se tendaient vers lui.
Tout devenait noir
à force de s'éteindre
pour nourrir le souffle.
Seul courant encore
soutenu par l'univers.
Il restait inchangé
tant que ses derniers mots
ne nous avaient pas pris
au piège de la déroute.
La mort tournoyante
se reflétait
dans un marais opaque.
Il respirait toujours,
certes,
mais par respect
de la loi du monde.

Il acceptait,
depuis peu,
la tâche illimitée
de se délester du mortel.
Il n'y avait d'autre
chemin
que la passerelle
de l'effroi.
La violence du corps
soudaine
bridait
ses moindres actes.
L'inconnu devant
avait la profondeur
d'un trou noir.
Il ne rêvait plus
d'asile
pour s'oublier.
Il maîtrisait
sa nudité
sans avoir pitié
de lui-même.
Nous étions
de bien légers témoins,
tremblotant
comme une flamme.
Qu'était cette mort
qui l'avait pris
en charge?
Sa présence
avait la froideur
d'un bleu invisible.
Elle allait en lui
sans faire
de l'ombre,

sans éclat.
Elle avait tout
d'une force
parfaitement
silencieuse,
parfaitement
incroyante de la réalité
du monde.

Il ignorait
que le remous
en lui
était extrême.
Il longeait l'abîme
en vacillant
mais sa vie
était sans abri.
Sa mémoire seule
savait accueillir
les dernières incrustations:
non la conscience.
Elle prenait bien
les assauts
qui la dévastaient.
Le corps entier
la nourrissait,
même si la paupière
restait de mur,
à mi-regard sans éclat,
telle une flèche perdue
dans l'infini.
Le silence ondulait
avec des bruits
qui s'asséchaient:
on eût dit
des fossiles d'oiseaux
sous un embrun de sable.
Il était en départ,
et n'arrivait plus
à nous quitter.

Tel un buisson
contre terre,
son souffle
attirait le vent,
les ébats des ailes.
Le monde gravitait
autour de sa bouche,
qui n'aurait pu retenir
la vie fuyante.
Nous aurions dû
nous réjouir
comme des mouettes
prenant la lumière.
Sa vie s'accomplissait.
Avec quelle gravité...
Mais tout
nous rendait aveugles.

Le corps noueux
aurait été surpris
dans sa mutation subite.
Contraint à la loi
du départ.
C'était,
sans rien de solennel,
son dernier temps.
Que faisaient les forces
attentives à son souffle?
Nous cherchions
sur le visage
les traces des messagers.
Ou même des lumières bleues
qui auraient sonné
comme des cloches pascales.
Mais la paupière, toujours,
au centre comme une masse,
le préservait
des moindres étincelles.

III

Un faux matin
pour nous
s'installait
autour de lui.
Quelle lumière
aurait pu tonner
dans son oreille,
imprégner
ses ombrages?
Ce matin-là,
la vie cédait
à la vie.
Le temps se crispait
dans un autre espace.
Malgré l'aube,
le froid étranger,
en lui l'intangible,
en lui travaillait
comme l'ultime
augure.
Une pierre poreuse
captait sa lumière
trop forte pour le corps.
Dans quel dédale
s'oubliait-il?

Peut-être avait-il
des brassées de regrets
ou de remords?
Il lui fallait
tout enfouir
avec les derniers
instants du corps.
Tout abandonner à la dépouille.
L'âme ne s'allégerait
qu'en désirant
les empennes des anges.
Il n'y avait pas
d'autre usage sensé
de l'agonie.
Une lumière nouvelle
se dirigeait sur lui
depuis les quatre points
du monde.

La nuit
alentour du corps
était parfois vive,
presque voyante.
À tout instant
pouvait s'embraser
le buisson ardent.
Qui
devait percer la voie
au sein de l'abîme?
À ce moment même,
on lui parlait peut-être,
le préparait à sa mutation.
Mais nous restions sourds,
mal orientés,
à la voix de la montagne.
Il n'y avait de visible,
pour l'esprit,
qu'un mourant
en lutte avec son éternité.
Certain site
nous demeurait obscur.
Et lui, rassemblé
malgré le désastre,
se tournait
vers l'intimité,
vers l'échange muet
des premiers regards.

À cinq heures
du matin,
notre souffle
travaillait toujours
au diapason
du sien.
Comme pour le décupler,
le vivifier.
Mais ses arbres intimes,
trop calcinés,
plus rapidement
s'amenuisaient.
Rien, en lui,
n'était immunisé
contre l'aiguillon.
La mort puissante,
établie à son chevet,
avait l'âpreté sombre
de l'ubac.
Et la vie victime,
en délabrement,
dévoilait l'usure
d'un rivage
longtemps grugé
par la vague.

Nous ne bougions plus.
L'expiration
de plus en plus rare,
comme dénaturée,
nous râpait l'esprit.
Le silence
des intervalles
respirait la gravité
d'un paysage
qui a reçu l'éclair.
Hors la nuit,
par chaque lueur,
les sentiers conduisaient
au visage
alourdi
sous une chair de bronze.
Bientôt,
à notre insu,
on se lèverait,
marcherait au-dessus
de nos désirs,
pendant que nous calions,
éperdus ou distraits,
dans le mystère.

Il n'avait point
de fondation
pour offrir sa pensée.
Le poison,
inaltérable
dès le premier contact,
gravitait des poumons
au cerveau.
À le voir,
ainsi partant,
on aurait dit un aigle
touché en pleine image
ascendante.
Tout avait flambé,
l'instant d'un dernier acte
de conscience:
les herbes, les lumières
et les voix
désordonnées.
Lui-même s'enfonçait
dans sa pesanteur méditante.
Mais qui, parmi nous,
était assez limpide
pour entendre le ruisseau
des sons bleus?

Dans sa bouche
le faisceau d'air
travaillait
telle une blessure.
À chaque bruit c'était,
eût-on cru,
l'appel au passage.
Puis le dernier souffle
s'était dissous
dans l'invisible.
Avalanche brutale du vide.
N'irradiait plus,
au pourtour du visage,
que l'aura
de la claire miséricorde.
La déchirure éternelle
était accomplie.
Il ne maintenait déjà plus
ce qu'il avait été.
Par quel abîme,
au même moment,
passait son être véritable?
Ne restait sous nos yeux
qu'une image desséchante,
irrespirable.
La mort l'avait saisi.

Sans bruit
il s'était renversé
dans la nuit des temps.
Tout paraissait clair.
Comme si l'esprit
avait quitté l'arche
unique au-dessus du monde.
D'une parole
la mort l'avait
désencagé
de ses entrailles,
de sa souffrance
obstinément
entassée.
Le temps était enfin
rentré dans son cercle.
Mais l'air, pour autant,
n'était point pourpre.
Nuls scintillements
ne marquaient
son parcours.
Et pourtant le silence
dans la chambre
avait une fermeté
lumineuse.
Nous allions, venions,
alentour, envoûtés,
comme des étrangers
à l'abandon.

Depuis peu
il ne respirait plus
le jour
mais le vide,
mais l'air glacial.
Le monde lui échappait.
La voyance de l'âme
était en éveil.
D'autres rivages la dépaysaient.
Les lointains paraissaient
la reconnaître.
Il lui fallait oublier surtout
le corps qui se coagulait.
Elle était prête pour le saut
suprême.
Ce qui l'obsédait de sa vie
avait fait un tour
de spirale.
Les parois tombaient.
Le vertige diminuait.
Sa réalité commençait
à s'imprégner des lumières.
(L'adhérence à l'infini
était de plus en plus tenace.)
Elle se sentait maintenant
incommensurable
et reconnue par l'éternité.
D'autres êtres l'escortaient.
Elle n'entendait plus
que la musique
et la vacuité nouvelle.

La chambre
n'était plus abyssale
ni obscure.
Elle avait depuis peu
la réaction d'une pellicule
à la magnificence.
Un matin diffus de juin
se répandait.
Mais plus rien ne retenait
le mort.
Très loin hors de sa forme
il pouvait s'essorer.
Nous n'écoutions plus
que l'envahissement
de la clarté
par-dessus son corps.
Tout était si serein
que nous aurions pensé,
le temps d'un regard,
qu'il avait laissé pour nous
l'abîme entrouvert.

Son corps avait reçu
le silence
qu'attend la pensée bleue.
Le visage était prêt
pour le partage
infini derrière sa forme.
Tout, en lui à peine frôlé
par la nuit croissante,
acceptait des événements
encore plus silencieux.
L'écho du départ
en nous frayait sa voie
avec le profil
de la dernière foudre.

La paix,
ou l'ancien mal
paralysé,
était taillée
pour irradier en lui.
Nos paroles,
forcément impudiques,
s'agitaient le long
du mort,
tels des bosquets d'ombre
criblants d'épines.
Comme allongé
à l'extérieur du monde,
il occupait pesamment
l'espace antique
qui le recouvrait
de force reposante.
Nous avions, trop secoués,
la raideur de l'ardoise.
Nous nous butions
au temps étranger
où le corps reste
en suspens.
Ni cercueil ni tombeau:
le lien était tiré droit
entre nous et la dépouille.
Il fallait surtout
lui tenir les mains,
lui adoucir le front.
Peut-être serait-il
moins effrayé
si nous pouvions
l'envelopper quelque peu
dans sa chaleur natale?

Son envers
se ramifiait
en repoussant le temps.
La conscience de soi
se dispersait
comme du pollen.
L'esprit avait-il survolé
sa vastitude
avant de disparaître?
Plus rien,
alors,
ne semblait conciliable
avec le bleu.
La distance
entre les fragments d'âme
était par trop démesurée.
Tout en lui se frappait
à l'inerte.
La mémoire avait subi
l'ébullition
pour que rien ne soit mémorable
du voyage unique.
Lentement,
lui, présent sous nos yeux,
il se muait en objet funèbre.
L'obscurité
l'avait rompu
à la grisaille.
Il avait perdu
depuis peu
la bienfaisance des lueurs.
Seul le froid noir
de la matière
s'accumulait

pour maintenir encore
sa forme.

Une langue silence
pesait sur son esprit
ainsi qu'un massif
de mots opaques.
Le cri du corps,
déjà noué,
n'aurait pu désaxer
la roue des planètes.
Le mort se fermait,
tel un arbre à teintes
cireuses ou crayeuses,
illuminées depuis l'os.
La douleur
muette et dévorante
pour nous provenait
d'une galaxie
trop lointaine.
Il aurait fallu
étreindre l'âme voilée
et sa figure distante.

L'afflux du froid
cristallisait le sang.
Nous l'aurions cru exposé
à la constance d'une nuit
qui voulait s'écrire.
C'était une floraison
inverse,
l'épanouissement total
d'un désaccord.
Impénétrable
paraissait le tourment.
Et sa vie
sous nos yeux
s'engouffrait,
telle une source
qui sans cesse
retombe
sur elle-même.
Et si la lumière,
disions-nous,
avait fait un trajet,
une poussée sous l'apparence,
qui n'eût été noire
que pour nous?

Il lui fallait
céder la lune,
couver la nuit
qui montait des autres
morts.
La mort
s'appliquait
à tout désenfouir:
les frôlements des ailes,
les cendres premières,
la grande amertume.
Il était environné
de formes brumeuses,
d'anciennes majestés
en ruine.
C'était le commencement
d'un parcours
au sein du déferlement
des lointaines images,
des souvenirs d'hier.
Rien n'apaiserait
l'épouvante.
Plus jamais le fabuleux
ne pointerait
dans ses désirs.
Il devenait perméable
à toutes les ombres.
Des lignes terreuses
traçaient sa voie.
N'eût été
la lampe orante
au-dessus de l'esprit,
aurait-il su
s'ajuster

à l'issue
convulsive?

Il se glaçait
au fur et à mesure
que son esprit s'éloignait
dans le seul passage.
Les rivages s'écartaient.
Si nul ne le rêvait
comment pourrait-il s'étoiler?
L'homme a peu de racines
dans le bleu qui monte.
Son errance reste secrète.
Il assimile peu à peu
l'inattendu de l'esprit.
Il se sent lié
à une totalité qui elle-même
se livre à des chants
qui paraissent immuables,
mais combien intenses.

IV

Si le visage scellé
un seul instant
avait dégagé l'esprit?
Peut-être aurions-nous
croisé ses pensées
avec des flammes.
Ou lui aurions-nous offert,
sous ses yeux,
un long instant de mer...
«Tu ne dois pas partir.»
Or tout restait muet
avec une pesanteur de marbre.
Le printemps se frappait
en vain aux pupilles.
Une peau blanchâtre
suintait
de terreur.

À ses confins mêmes,
il offrait l'aplomb
d'un silence établi
en son sommet.
Cette démesure,
après le souffle,
était prodigue de signes
et de peurs.
Une enceinte nouvelle,
infranchissable,
l'avait soudain retranché
à notre veille.
Il y avait tout autour
comme l'embrasement
d'un vide
qui voulait s'éterniser.
L'effleurer même
était une profanation.
Le moindre éclat
sur lui
émanait de si loin…
qu'il avait l'insoutenable
du mirage.
Et la détresse en nous
grinçait avec des appels
d'ouverture.
Tout nous disloquait.

Son être déjà
se rassemblait
sur l'autre rive.
Ici le corps
avait cessé d'attendre
et d'offrir.
Il ne gardait pour nous
que l'intimité vaine
du miroir,
ou la béance d'un paysage
défait, noirci
après l'extase solaire.
Même son lieu
apparent
n'était plus un refuge.
Le corps avait aboli
sa magie.
En lui,
rien ne consentait
à l'imaginaire.
Tout nous pressait d'accepter
l'entière discordance.
Et l'arrière-pensée
d'un passage
qui ne s'ouvrait encore
que pour lui seul.

La mer pour la présence,
la mer pour le regard,
la mer pour le soleil.
Mais la mort
est une musique plus vaste
avec plus d'infini en elle…
Nos plaintes ne renforçaient
aucune plénitude.
Quelle approche aride
auprès de lui!
Elles restaient mendiantes
sous la solitude
de celui qui montait au large.
Ou parmi les ossements du monde.
La nuit se concentrait
inépuisable.
Nous avions des espoirs,
malgré tout,
haut blottis sur des remparts
inaccessibles.
Nos cœurs tournoyaient
en se jetant vers lui
comme des phénix aveugles.
Son silence seul,
souverain,
l'abritait de nous-mêmes.

Gisant de silence,
il échappait à la roue
des peurs anciennes.
Ou plutôt n'était-il pas
lui-même une pierre allongée,
une île
au-dessus de la nuit?
Le visage se laissait
accomplir.
Il avait perdu l'âge.
Il en fallait si peu,
maintenant,
pour que ses oiseaux
l'emportent...
Un simple lever d'astre
au sommet de la chambre...
Il n'attendait rien d'autre
pour se dresser
en sa lumière
et nous quitter.

Pour la seule occasion,
dans son apparence,
il avait pris la mesure
du néant.
Plus rien ne se gravait.
Il semblait annulé
jusque dans la nuit
de sa substance.
Tous ses signes vifs
avaient été effacés.
Il était parti
en fermant l'avenir
de sa forme.
Un vide grandissait
au sein du sens.

Les alarmes
d'une vie
subitement sonnaient.
Le corps tu,
et tristement
(furieusement) ramassé,
faisait notre pensée.
Nos cœurs, encore,
étaient poursuivis
par les ombres.
L'esprit, en nous,
n'était plus qu'une taupière
affaissée.
L'enfance, c'était à l'infini.
L'avenir était scellé.
Entre les deux,
une conscience renversée,
comme foudroyée
par la puissance
de son propre chaos.

Nous avons manqué
de vide
et d'attention muette.
Dans notre présence,
auprès de lui,
s'étaient élancées
trop de vibrations bruyantes.
Et pendant ce temps,
la mort le déracinait
froidement sous nos sens.
L'éloquence des sentiments
aurait dû se réduire
à l'oscillation
d'une flamme.
Des bâillements
en pleine vigile
marquaient nos tentatives
de fuite.
On aurait voulu glisser
entre les mailles
d'une mort
qui nous piégeait.
L'âme encore avide,
liée au corps,
se défie de l'âme
qui convie
son espace natal.

La poussière du soleil,
auprès de lui,
tempérait sa mort.
Il semblait caressé
une dernière fois
par la beauté du monde.
Le niveau de silence
montait d'autant.
Surtout après l'exaspération
des stridences
et des alarmes.
Nous étions mûrs
pour un dernier échange.
Chacun bien resserré
autour de son propre souffle.
Nous étions
de quelque façon
subitement résumés.
Nos ombres
n'iraient pas plus loin.
Il n'y avait aucun geste
possible.
Toutes les avenues
ne se déroulaient plus
que vers nous.
Son absence commençait
à nous rejoindre.
Nous devenions plus légers,
comme s'il nous avait entraînés
un court chemin avec lui.

Lentement
il glissait
vers l'orbite
des lumières
indélébiles.
C'était convoquer
la radiance,
se livrer
à l'ondoiement lointain
des chants.
Il avait commencé
à pérégriner
dans la spirale
sans fin
qu'empruntent les anges.
Il tentait l'escalade
au-devant des appels.
Il s'orientait,
âme entière,
vers l'adoration.
Mais nous étions
fort en deçà
de l'esprit volatile.
Avec des espoirs épuisés,
lovés comme un fœtus
dans nos cavités
cendreuses.
Et par instants
tout s'apaisait.
Comme s'il avait demandé
un répit de miséricorde,
un retour vers les siens,
une couvaison
de salamandre
dans l'obscurité

brûlante
de nos âmes.

C'était moins
la malveillance
qui poussait la mort,
qu'une œuvre spirituelle.
La chair n'entendait
plus sa forme.
Elle se confondait déjà
avec la poussière
du monde.
C'était moins le vide
qu'un tourbillon
intérieur
qui dissolvait
sa cohérence.
Tout ce qui s'était révélé
de la seule ordonnance du corps.
L'esprit, en lui,
planait à proche distance.
Il défendait
ce qui résistait
à l'apparence.
Mais il n'offrait pas
de lumière
suffisamment radieuse
pour repousser la frayeur.
La nuit agissante
faisait partie
de l'expérience nouvelle
de son être.

Malgré la lumière
conduisant vers lui,
ainsi que le cours
d'une allée déserte,
il restait établi
dans son sommeil,
ombre crue,
alourdie sous une coupole.
Midi et ses puissances
ne le dresseraient pas.
Il entrait,
selon la promesse,
dans la plénitude formée
pour son âme.
Enfin,
pour la première fois,
elle serait menée
à son alliance infinie.
Le pendule
n'était en arrêt
que pour nous,
troublés,
douloureux,
et non sans arrière-pensées
discordantes.
Qui ne serait demeuré
en suspens
sur l'éperon inviolable
de sa paix naissante?

Il entrait
dans la solennité
du dépouillement
extrême,
de l'alchimie
culminante.
Et nous étions
conviés,
maintenus éveillés
auprès du passage.
Il ne nous avait
pas délaissés.
Il était parti
nimbé
d'un nom
que l'éphémère
ne pourrait plus
menacer.
Il se taisait
si royalement
qu'il semblait
nourri
par le seul silence.
La direction
pour nous
était un peu mieux
visible.
L'abîme
restait béant.
En nos âmes,
loin du seul événement,
tout luttait
contre la somnolence
et l'illusion
des ombres vives.

Son départ
lui assurait
une croissance inspirée.
Depuis le silence
il s'infléchissait
vers l'Unique.
Il accédait
au déploiement
comme un poème
d'essence lumineuse.
Il avait inauguré
son réveil
tandis que nous restions
paralysés,
hypnotisés,
par le seul mal
du corps rejeté.
C'était pour lui,
là-haut,
l'irruption fulgurante.
Et nous plongions
avec émoi,
avec dérèglement
dans notre immobilité
informe.
Notre conscience
s'évertuait
à l'entourer d'attentions
impuissantes.
Nous avions cependant
commencé
à nous reconnaître.
À peine rejoints
par l'énergie
qui l'avait vivifié.

Il avait franchi
l'intemporel,
et pourtant,
nous effleurions sa figure.
Il gardait encore
l'image atténuée
de lui-même.
Mais sans les remous
qui l'animaient naguère.
Il se taisait comme l'arbre
qui a perdu le vif
de ses feuilles,
qui ne baigne plus
dans le bleu du temps.
Ce n'était pas la fin.
C'était une vacuité
couverte de signes.

Sa dépouille
méconnaissable
avait subi le rite
de la convenance,
la grandiloquence
de l'immobile.
Mais ce n'était pas encore
le vide,
même si son visage
se murait
sous une membrane
de plus en plus étrangère.
Nous lui adressions
des pensées,
chacun depuis
sa solitude.
Nous le parcourions
sans cesse
du regard.
Quelle planète étrange
il était devenu!
Nous résistions mal
à sa fascination.
L'important
était de tenir,
fidèle à son silence.
L'absence totale
viendrait bien
assez tôt.

V

Nous restions
adossés au délaissement.
Tout s'était tu.
Même le phénix
du matin.
Nous allions muets,
comme enfouis
sous le temps.
Notre ombre
s'allongeait
sur la pierre.
Qui cautionnerait
nos jours?
Le mort, le mort,
nous survolait
comme un aigle.
Son vol bleu
traçait déjà
son exhaussement.
Il ne pourrait plus
s'égarer.

Sera-ce notre jour
d'émerger enfin
des écailles?
Là-bas, la fraîcheur
vierge
veille
sur les fontaines.
Ici, Lazare
hante le désir.
Reprendrons-nous pied
au sommet,
là où nos morts
ont débroussaillé
la crête?
Quand recevrons-nous
le nombre mûr
pour la moisson?
Nous persistons,
depuis leur absence,
comme une touffe de fumée
au-dessus des souvenirs.
Nous sommes lézardés
de visions lancinantes.
Vienne l'âge
favorable
à l'oubli.

Pour un temps
invisible
notre cœur
continuera de grelotter.
La longue fatigue
glaciale
sur les épaules
nous lestera
davantage.
Il s'agit de ne pas
dépérir
dans l'attente
de la faveur.
De ne rien simuler,
surtout pas
des vœux tièdes
sur nos ombres.
Nous sommes figés,
comme des enfants
par leurs frayeurs.
Mais nous retrouverons
nos morts.
Nous les reconnaîtrons
à leurs voix lumineuses.
Ardents,
ils nous couvriront
durant l'affaissement
du monde.

Nous ne pouvons
plus reculer.
La vie nous tient
jusqu'au silence.
Le périple commence
toujours par l'abîme.
Par la révélation
du vide,
la chute entière
dans la solitude.
C'est à cette vitesse
ténébreuse
que nous consumons
les désirs.
Que nous trouvons
l'espace
qui a la vastitude
lumineuse
de la démesure parfaite.
Là seulement
les morts nous aideront
à naître.
Enfin
nous serons coupés
des divagations,
des miroirs,
des échéances suffocantes.

FERNAND OUELLETTE

Poète, romancier et essayiste, Fernand Ouellette est né à Montréal le 24 septembre 1930. Après avoir fait son cours classique au Collège Séraphique d'Ottawa et diverses études, il s'inscrit à l'Université de Montréal où il obtient une licence ès sciences sociales en 1952. Commis-voyageur au service des Éditions Fides (1952-1960), il commence à publier ses poèmes en 1953 dans divers périodiques.

À partir de 1955, il écrit plusieurs textes sur des écrivains français et étrangers pour Radio-Canada, puis, de 1958 à 1964, quelques commentaires de films pour l'Office national du film du Canada. Toujours en 1955, il entreprend une correspondance avec Pierre Jean Jouve et Henry Miller, et en 1957, avec Edgard Varèse dont il se fait par la suite le biographe. Cofondateur de la revue *Liberté* dont il devient rédacteur en chef en novembre 1960, il entre le mois suivant au service de Radio-Canada où il travaille toujours, à titre de réalisateur d'émissions culturelles à la radio MF. De 1966 à 1968, il est membre de la Commission d'enquête sur l'enseignement des arts au Québec, présidée par le sociologue Marcel Rioux avec lequel il rédige le premier tome du rapport.

Depuis 1967, Fernand Ouellette fait de fréquents voyages en Europe, aux États-Unis, et se rend en Israël (1973) où il donne une importante conférence à la Maison des auteurs de Jérusalem. Invité à l'Université du Québec à Montréal (1970-1971), il collabore avec André Belleau à un séminaire sur le Romantisme allemand. Cofondateur de la Rencontre québécoise internationale des écrivains (1972) dont il s'occupe activement durant sept ans, il participe aussi à de nombreux colloques internationaux: Colloque sur la poésie québécoise à

Marly-le-Roy (1972), Colloque international de Strasbourg (1983) à l'occasion du centenaire de la naissance d'Edgard Varèse, Colloque des Radios publiques de langue française (1987 et 1988) à Redu en Belgique. À partir de 1977, il dirige un atelier de création littéraire à l'Université d'Ottawa et, par la suite, plusieurs ateliers similaires à l'Université Laval de Québec. De 1979 à 1985, il tient dans la revue *Liberté* une chronique régulière, «Lectures du visible», consacrée à l'art et aux peintres. Poète invité à l'Université de Turin (1984), il y donne des cours pendant un mois, et des conférences à Milan et à Rome. À la suite de la parution, à Rome, d'une anthologie de sa poésie sous le titre de *Nella notte il mare*, il donne en 1986 une série de conférences à travers l'Italie.

Le 2 février 1975, Fernand Ouellette est l'invité de l'émission télévisée *Rencontre* de Radio-Canada dont une copie sur film est ensuite diffusée par l'Office national du film. Le 27 décembre 1978, l'émission télévisée *Femmes d'aujourd'hui* propose un document qui lui rend hommage, avec entretiens et lectures de textes. Le 5 novembre 1986, il est reçu membre du «Cercle des bâtisseurs Molson», sur recommandation du Comité exécutif de Ville de Laval, honneur réservé à cent Québécois.

Ses textes et poèmes ont été traduits dans une dizaine de langues. Des prix importants ont couronné ses œuvres: le Prix France-Québec (1967) pour sa biographie *Edgard Varèse* (rééditée en 1987 chez Christian Bourgois); le Prix du Gouverneur général (1971), qu'il a alors refusé, pour *les Actes retrouvés*; le Prix France-Canada (1972) pour *Poésie* aux Éditions de l'Hexagone; le Prix de la revue *Études françaises* (1974) pour son autobiographie *Journal dénoué*; le Prix du Gouverneur général (1985) pour son roman *Lucie ou un midi en novembre*; le premier Prix de poésie du *Journal de Montréal* (1987) et le Prix du Gouverneur général (1987) pour *les Heures* aux Éditions de l'Hexagone; le Prix Athanase-David (1987) pour l'ensemble de son œuvre.

BIBLIOGRAPHIE

Ces anges de sang, poésie, Montréal, l'Hexagone, 1955.

Séquences de l'aile, poésie, Montréal, l'Hexagone, 1958.

Visages d'Edgard Varèse, essai, sous la direction de F.O., Montréal, l'Hexagone, 1960.

Le soleil sous la mort, poésie, Montréal, l'Hexagone, 1965.

Edgard Varèse, biographie, Paris, Seghers, 1966.

Dans le sombre, Montréal, l'Hexagone, 1967.

Les actes retrouvés, essais, Montréal, HMH, 1970.

Poésie (1953-1971), Montréal, l'Hexagone, 1972.

Depuis Novalis, errance et gloses, essai, Montréal, HMH, 1973.

Journal dénoué, autobiographie, Montréal, Les Presses de l'Université de Montréal, 1974; l'Hexagone, coll. «Typo», 1988.

Errances, poésie, Montréal, Éditions Bourguignon +, 1975.

Ici, ailleurs, la lumière, poésie, Montréal, l'Hexagone, 1977.

Tu regardais intensément Geneviève, roman, Montréal, Les Quinze, 1978.

Écrire en notre temps, essais, Montréal, HMH, 1979.

À découvert, poésie, Québec, Éditions Parallèles, 1979.

La mort vive, roman, Montréal, Les Quinze, 1980.

En la nuit, la mer, poésie (1972-1980), Montréal, l'Hexagone, 1981.

Éveils, poésie, Montréal, L'Obsidienne, 1982.

Lucie ou un midi en novembre, roman, Montréal, Boréal Express, 1985.

Les heures, poésie, Montréal, l'Hexagone, Seyssel, Champ Vallon, 1987.

TABLE

DÉJÀ PARUS

1. Gilles Hénault, *Signaux pour les voyants*, poésie, préface de Jacques Brault (l'Hexagone)
2. Yolande Villemaire, *La vie en prose*, roman (Les Herbes Rouges)
3. Paul Chamberland, *Terre Québec* suivi de *L'afficheur hurle*, de *L'inavouable* et d'*Autres poèmes*, poésie, préface d'André Brochu (l'Hexagone)
4. Jean-Guy Pilon, *Comme eau retenue*, poésie, préface de Roger Chamberland (l'Hexagone)
5. Marcel Godin, *La cruauté des faibles*, nouvelles (Les Herbes Rouges)
6. Claude Jasmin, *Pleure pas, Germaine*, roman, préface de Gérald Godin (l'Hexagone)
7. Laurent Mailhot, Pierre Nepveu, *La poésie québécoise*, anthologie (l'Hexagone)
8. André-G. Bourassa, *Surréalisme et littérature québécoise*, essai (Les Herbes Rouges)
9. Marcel Rioux, *La question du Québec*, essai (l'Hexagone)
10. Yolande Villemaire, *Meurtres à blanc*, roman (Les Herbes Rouges)
11. Madeleine Ouellette-Michalska, *Le plat de lentilles*, roman, préface de Gérald Gaudet (l'Hexagone)
12. Roland Giguère, *La main au feu*, poésie, préface de Gilles Marcotte (l'Hexagone)
13. Andrée Maillet, *Les Montréalais*, nouvelles (l'Hexagone)
14. Roger Viau, *Au milieu, la montagne*, roman, préface de Jean-Yves Soucy (Les Herbes Rouges)
15. Madeleine Ouellette-Michalska, *La femme de sable*, nouvelles (l'Hexagone)

*Cet ouvrage
a été achevé d'imprimer
sur les presses de l'Imprimerie Gagné
à Louiseville en mai 1988
pour le compte des
Éditions de l'Hexagone*